JN409415

생의 복판에서

박진호 노래시집

신아출판사

노래시집을 펴내며

생의 복판에서를 읽어보아라.
청춘의 그리움도, 술잔의 향기로움도, 꽃의 아름다움도,
사랑의 놀라움도, 멀찌감치 떨어져서 살펴 보아라.
가까이서 외우는 것보다 한 발짝 물러서서 느껴보아라.
분명 인생의 절묘함과 영혼의 시원함을 맛볼 것이다.

박진호

차례

1

2

3

1

죄 많은 청춘

꽃피는 산마루 달도 밝구나
짝을 찾아 나는 저 기러기 흥겨운데
한 잔 두 잔 따르는 술잔에 비치는 건
이팔청춘 복받치는 달빛 내 신세

꽃들은 피어 화려하고 새들의 노래 정다운데
청춘은 흘러 어디로 떠나고 구름만 속없이 영원하구나
탈도 많은 세상살이 꿈꾸는 밤하늘에
별 그림자 초롱초롱하여 이 마음 서럽구나

청춘은 미래의 초상

뒷동산 진달래에 내리는 푸른 별빛들
달 그림자 밟으며 꿈을 꾸던 청춘
흘러간 그 옛날이 오늘도 나를 부른다
꽃구름을 헤치며 추억이 운다

달빛은 화사하게 온 세상을 비추고
구름은 말도 없이 천리를 가는구나
청춘은 흘러흘러 오늘의 나의 초상일세
비바람 속으로 추억이 달린다

연분의 밤

바람결이 살랑살랑 물결치는 이 밤이
별빛 따라서 맺어보는 청춘의 연분
너의 꽃 나의 노래 별빛 되어 반짝일 때
꽃들은 향기를 품어 세상을 적시고
연분이 익어가는 밤 하늘은 찬란하여라

사랑의 밤

흐르는 물같이 세월은 흘러
초록은 줄어 낙엽되어도
너와 나 타는 밤은 식을 줄 모르네
꽃이 되는 언덕에 앞날을 그리고
달이 뜨는 하늘에 꿈을 속삭였네
청춘은 흘러 백발이 되고 겨울이 다시 와도
우리들의 벌판엔 꽃들이 피어나네
별이 없는 밤엔 서로의 가슴 부비며
굶주린 세상엔 사랑의 꽃을 피우네

분단의 죄

흐르는 달빛은 남과 북이 없고
날아가는 새들도 삼팔선이 없는데
한반도에 쌓인 벽은 이다지도 높단 말이냐
누구의 잘못이냐 누구의 탓이더냐
마르크스를 원망하랴 민주주의를 미워하랴
둘이서 어울려 세상은 잘도 돌아가는데
어이해 한반도는 이산에 몸부림치는가
누구를 한탄하랴 무엇을 탄식하랴

앉은뱅이 청춘

생각하고 생각하다 못해 하는 말이
국화꽃 피는 밤에 만나자던 말은
이 몸이 마음에 멀찍이 있다는 것인즉
지우려도 못 지우는 서러운 신세를 알려나
달이 뜨는 소리 님인 듯 설레고
바람만 불어도 가슴이 뜨거워지는 마음
어느 사월 꽃 피는 봄날에 미치는 아지랑이처럼
날지도 부르지도 못하는 앉은뱅이 청춘의 밤을

밤의 행복

목엽도 잠든 월야에
홀로 깨어 하늘을 보노라면
성운은 어우러져 그림과 같고
세상은 고요 속에 평화로워라
푸른 달빛 아래에 누워 별을 헤어 보노라
근심 걱정 번뇌 물결처럼 사라지더라

생의 복판에서

솔잎 한 장 날리면 바람도 한숨 쉬고
구름 한 점 모이면 별도 꿈을 꾸네
삶이란 홀로 왔다가 홀로 떠나가는
나그네 구름같은 것
잠깐 되었다 죽고 마는 청춘의 향기처럼
후회도 미련도 남기지 말자
살아서는 꽃같이 별같이
죽어서는 바람같이 구름같이

보리밥

보리밥에 열무김치 찬물에 말면
천국이 따로 없네 천하의 별미로세
한여름밤 달빛 그늘에 앉아
도란도란 얘기 나누며 먹는 맛은
천하제일의 맛이로세 천하제일의 낭만이로세
신선놀음할 거나 보리밥 한 그릇에
찬물 한 잔에 장기 한 수 두거나

옛님

산꼴짜기 돌고돌아 흐르는 물줄기는
오늘도 변함없이 흘러가건만
물을 따라 함께 걷던 님은 어디로 가고
나만 홀로 물을 바라보며 눈물집니다

뒷동산에 꽃들은 활짝 피어서
향기가 천리만리 적셔주는데
꽃을 꺾어 사랑을 속삭이던 님은 없고
나 홀로 떨어진 꽃잎을 주우며 흐느낍니다

호박사랑

〈조영남 "사랑이란" 개사 1979년 작〉

진정 그대가 사랑을 모른다면 호박을 한 번 먹어보세요
만약 그대가 사랑을 안다면 호박죽을 끓일 거예요
사랑이란 호박이에요 정말로 맛이 있네요
사랑이란 호박이에요 정말로 구수하네요
혹시 그대가 호박을 모른다면 수박도 괜찮을 거예요
만약 그대가 호박을 안다면 정말로 미칠 거예요

노천

바람찬 벌판이 홀로홀로 서 있을 때
저 멀리 들려오는 교회 종소리로 파수꾼 노천
언젠가 짝을 찾아 불던 노천 피리 소리는
겹겹이 추억의 산을 만들었네

산비둘기 노랫소리 별빛에 물어 속삭대며
어둠을 뚫고 날아온 놀라움에 잠 깨인 노천의 외침
오늘도 나를 부르는 옛날은 아쉬워
안타까운 맘 술잔에 눈물 되어 흐르네

만경강 처녀

달 뜨는 만경강에 물새 날면
내 마음 빨갛게 꽃구름 타고 뛰노네
바람도 지쳐 잠든 밤하늘에
잔별인 양 살며시 안겨보는 만경강 처녀

푸른 하늘에 붉은 마음은 동백꽃으로 피고
멀리 있는 님 찾아 달빛으로 빛나리
혹시 님이 나를 잊고 모른 체하시면
님 그려 저미는 가슴 구름도 알고 꾸짖으리

잠 깨는 밤

싸리 꽃다발 가슴에 안고
오늘도 님 기다리는 마음
바람 불면 행여 님인가 귀기울이고
달이 뜨면 님의 얼굴인가 잠 깨는 저녁
꽃은 피고 지고 세월이 흘러가서
세상은 변하고 또 변하였건만
가슴에 새겨 놓은 연분만은
비바람 눈보라도 잊고 사는구나

타향 집시

덧없는 세월을 따라 헤메도는 구름 노래
바람불면 버들이요 비 오면 꽃잎 신세
달이 뜨는 산마루에 쓸쓸히 앉아서
죽은 고향 찾아서 회상하는 타향 집시

낙엽을 따라 떠도는 마음 정처도 없네
별들도 잠든 밤하늘에 짝 잃은 외기러기로세
낙엽이 떠 있는 호수 위엔 달도 떠 있고
이 내 몸은 넋을 잃고 구름 위에 떠 있네

잡초의 꿈

〈"맨발의 청춘" 개사 1978년 작〉

황야에 떠도는 바람같이 구름같이
어제도 오늘도 내일도 없는 이 몸
술잔에 청춘을 팔고
달빛에 몸을 실어 던졌다
사랑이 그리우면 담배 한 모금에 웃는다
산야의 잡초처럼 쓰러지고 짓밟혀도
술 한 잔에 오늘도 나는 인생을 묻는다

산마을

비탈진 산길을 돌고 돌아서
수수밭 위를 짝을 찾아 날아가는 산비둘기
나무 한 그루 한 그루 모여 청산을 이루고
오고 가는 대화 속에 꽃피는 정분들

산국화 향기 익어가는 가을이면
고추잠자리 하늘 높이 날고
지붕 위에 걸린 푸른 반달 모습은
솔잎 풍겨오는 산마을의 자랑이로세

눈부심의 계절

바람은 구름을 몰고 하늘 높이 날고
달빛은 화사하게 호수 위에 잠겨 있네
사향치마 나풀거리며 공작새 노래하면
차 한 잔을 들고나가 잔디밭에 앉노라니
노을빛 석양 푸른 창공은 꿈꾸듯 바라보고
국화꽃은 피어 설레임의 향기는
산을 넘노라네

손잡고

들려오네 종달새 노랫소리
너와 나 손잡고 놀던 저 들판에
꽃들은 피어 옛날을 축복하고
지금도 밤하늘에 떠 있는 오늘 같은 추억

살아나네 새하얀 파도 소리
너와 나 손을 잡고 밤을 새면 하얀 백사장에
찬란한 달이 떠올라 오늘을 축복하고
예전에도 밤하늘에 부서지던 어제 같은 오늘

귀향

〈"짝사랑" 개사 1979년 작〉

왜 그런지 불알이 꿈틀거려요
문희만 보면 테일러만 보면
가운데 다리가 빳빳해져요
화가 몹시 났나 봐요
고향 떠난 연어 떼들이 돌아오듯이
나의 고향 찾아 들어가고싶어 예예에

술달

휘영청 밝은 달은 가을을 찬양하고
청춘의 노래는 술잔으로 벗을 삼네
꽃이 피면 지고 달도 차면 기울고
인생도 그럴진대 무엇을 사양하리
술 한 잔에 내가 취하고
달빛에 이 밤이 죽을 때
철새처럼 오늘밤만은 모든 연을 끊고
술달에 빠져 죽자

내사

꽃이 피네 꽃이 피네 들국화가 피네
봄철 한꺼번에 피는 게 싫어 들국화가 피네
달이 뜨네 달이 뜨네 반달이 뜨네
크고 무겁고 가늘고 가벼운 게 싫어 반달이 뜨네

새가 우네 새가 우네 두견새가 우네
부모님 초상에 웃는 게 싫어 두견새가 우네
구름 가네 구름 가네 하늘에 구름 가네
가만히 앉아 있는 게 싫어 구름 가네

무지개

아름다운 꿈 무지개 달빛에 포개고
여름날의 꽃 무지개 비를 흠뻑 삼키어
푸른 하늘에 오색의 성을 쌓았네
빨강 파랑 노랑 당신과 나의 연분처럼
얽히고설키었네
바람은 검은 구름을 밀어내고
향기롭고 찬란한 여름을 부르네
구름을 뚫고 오색의 무지개가 피듯
우리의 사랑도 하늘에 피어 떠 있네

백합

꿈속에 오셨네 평화의 메신저
눈빛 순결한 그 빛에 넋을 잃고
나는 한참을 헤매었네
백합이여 백합이여 순백의 얼굴이여

달빛에 숨었네 사랑의 파수꾼
실바람이 흐르듯 물결치는 이 밤에
나는 너의 이름 조용히 부르노라
백합이여 백합이여 보랏빛 숨결이여

소녀의 봄

〈“Scabore panes” 개사 1977년 작〉

꽃잎 한 장 입에 물고 눈물짓는 소녀의 밤
사랑이 죽은 이 내 가슴속 슬픔의 찬가이런가
욕망이 시들면 사랑도 껍데기인 것을
빈 들에 홀로 핀 잎새처럼 태양 잃은 소녀의 봄

오늘도 별빛

계절따라 흐르던 노래 지금도 들려오고
푸른 산 너머 언덕배기엔 별들의 속삭임
청춘은 흘러서 백발이 되었어도
가슴속엔 아직도 꽃들이 피어나네

구름 위에 뜬 조각달은 지금도 정다웁고
달빛이 드는 창가엔 피닉스의 노랫소리
청춘은 흘러서 백발이 되었어도
가슴속엔 아직도 꿈들이 피어나네

청춘 서핑

노을빛 물결 위에 갈매기 살고
파도를 따라서 서핑하는 사내들
바람은 불어서 햇빛을 식히고
구름은 포근히 바다를 감싸네

살며시 미소 짓는 새하얀 물결 위에
사랑의 꿈을 실어 띄우는 처녀들
젊은 날의 꿈과 희망을 나누고 나누며
청춘의 고동 소리 밀려 들리네

황엽

국화꽃 피는 밤에
달빛을 불러 바라보노라네
가을의 잎새 별들의 속삭임도
나를 부르고
벌레들의 달콤한 노랫소리 커져가도
듣지도 못할 것이 청춘이 죽어
노랗게 물결치는 밤의 울림이어라

청명한 날에

황홀한 달빛이 나를 감싸고
스치는 바람은 나를 깨우네
마음은 둥둥 하늘을 날고
구름은 집을 짓듯 속삭이네
사랑의 노래 그 빛깔인 듯
사과 향기 바람에 일고
속살대는 미래의 파란 꿈이
꿈틀거리듯 다가오네

엘리자베스

〈“Casavimka” 개사 1918년 작〉

유월에 장미처럼 꿈을 꾸는 엘리자베스
다정스런 그 몸짓 반짝이던 눈동자
달이 뜨는 언덕에 안개꽃 잎이 날리듯이
나를 보던 사랑의 맹세 터져버린 내 청춘
찬란한 저 달빛 향기롭고 은은한 저 별
텅 빈 내 가슴속을 꽃향기로 그득 채우네
꽃잎이 날리네

불로초

찬란한 달빛 빛나고
오곡백과 풍성한 이 계절에
목동의 피리 소리 석양의 옛날을 찾고
천고마비 월야 식주에 흥겨운 밤
달빛에 비치는 세상은 변하였어도
달빛 노래만은 옛날 같아 불로초일세

옛길

솔이파리 한 움큼 입에 물고
꽃 피고 새 울던 옛길을 걷노라면
웃는 꽃 우는 새 아직도 여전하고
달도 홀로 떠 옛날 그대로구나
나를 찾던 바람도 함께 놀던 구름도
지금도 옛날같이 다정하건만
내 청춘만 저 멀리 떠나갔구나

청춘의 창

구름에 뜬 달은 바람을 싸안고
먼 대지 위에 꿈을 펼치고
청춘의 노래는 어둠을 찾아 사른다
하늘 높이 높이 바다 멀리 멀리
사랑의 뜬밤은 짧고 덧없음을 몰라
추억의 바람은 끝없고 아름다워라

추야에

창공에 이슬비 종이 되어 울릴제
바람에 나풀대는 여린 잎새여
여름을 떠나보낸 바다의 흐느낌이어라

별을 불러 함께 지새우고 싶은 이 밤에
잠 못 들어 뜬눈으로 애태우는 것이여
아마도 누군가를 그리워함일 것이리라

낙엽이 쓸쓸하니 이 마음 무릇 아파 젖어
뜻대로 이룰 수 없음에 더욱 슬퍼라
쓰린 마음 알 것 같은 달빛만이
원망스럽고 더욱 밉상이어라

청량리 부르스

청량리 골목에서 서성이는 마음
그 누가 모르나
불고기에 녹용먹고 봉사하려는 심정
찔러도 찔러도 수렁 속 같아 끝이 없는 길
한강에 돌 던지는 기분 청량리 부르스

화천

〈"갈대의 순정" 개사 1979년 작〉

공작새 꿈을 꾸는 하늘 저편에
초록별 한아름 수를 놓는다
바람도 잠이 들어 구름도 쉬어가노라

눈을 한 번 뜨니 저 산을 넘고
꽃 같은 조각달 내 눈을 마비시키며
시냇물로 빠진 달에 몸부림치며 웃는다

두견새

버들잎 돋는 밤 두견새 날아 어느 곳에
정든 땅 버리고 짝을 잃고 이름도 없이
낯선 곳에 접은 날개 달빛만이 내 집일세
이팔청춘 붉은 꿈 구만리 타향 신세
일편단심 붉은 마음 토라진 님의 얼굴
설움 중에 설움은 달 없는 밤 두견새 노랫소리

맹세

청춘의 설레임도 사랑의 속삭임도
한자락 꿈이런가 구름 같은 나그네인가
강물을 바라보며 변치 말자 맹세한
그 언약 물결에 흘러 떠난 곳이 어디냐
흐르는 강물도 싸늘하도다

휘영청 밝은 달은 온 세상을 비추고
사랑의 달빛은 온 세상을 감동시키련만
달빛에 젖어 변치 말자 맹세한 그 언약
그 빛에 숨어 떠난 곳이 어디냐
휘영청 달빛도 싸늘하구나

신국의 꽃밭

해 질 녘 금빛 물결 신의 얼굴
수선화 달빛 아래 찬란한 저녁
그려보자 저 먼나라 황홀한 꿈나라
불러보자 새겨보자 동화 속 전설의 세계

춘풍

소녀가 봄노래 따라 삼포로 가고
담장 위에 넝쿨장미
소슬바람에 홀로 속삭이면
산골짝에 숨어있던 달님이
높이 떠올라 하늘하늘 소곤대며
이 밤을 불러 지킨다

청량리 혈족

〈"뽀뽀뽀" 삽입곡 개사 1982년 작〉

아빠는 안방에서 잠자지
엄마는 부엌에서 밥보지
누나는 마당에서 개보지
나는 우리집에서 왕자지
우리는 귀염둥이 성매매 가족
성매매 성매매 청량리 혈족

타는 세월

크리스마스 캐럴을 들으며 군고구마에 군밤을 까먹던 것을 생각하면 지금도 설레입니다 교회 종소리를 들으며 눈 덮힌 산길을 바둑이와 함께 거닐던 추억이 지금도 그립습니다 함박눈이 펑펑 내리던 날 썰매를 타며 김이 모락모락 나는 호빵을 먹던 때를 잊지 못합니다 겨울바람이 쌩쌩 불던 날 흰 가래떡을 뽑아다가 조청을 찍어 먹으며 동치미 국물을 마시던 때가 떠오릅니다 나뭇가지에 눈꽃이 필 때 참새를 잡아다가 연탄불에 구워 소주 한 잔 곁들이던 시절이 어제 같습니다

처녀제비

고향 하늘에 파랑새 날아 저 산을 넘고
뒷동산 달그림자 나를 찾아 윙크할 적에
꽃신 신고 춤을 추는 처녀제비 한 마리
쪽빛 물결 위를 님을 찾아 날으네

꽃향기 풍겨오는 산길을 따라서
봄바람을 먹고 먹은 사월 아지랑이 미칠 적에
풀잎 모자에 구름 한 조각 입에 물은 처녀제비 한 마리
산비탈을 미끄러지듯 날아 꿈을 찾네

화엽

꿈을 꾸듯 꿈을 꾸듯 허공에 떠 있던 청춘
고달픈 세월에 씻기고 바래었네
그립고 안타깝고 아쉬운 순간순간
다시 못 볼 옛날이 되었네
잠을 자듯 잠을 자듯 평화로운 바람에
나풀대는 추엽 한 장
내 눈망울이요 내 얼굴이요 내 몸둥이일세
화려하면서도 초라하고 슬픈
울긋불긋 시월의 잎새들이여, 내 분신이여

청춘나비

〈"Green green gress of home" 개사 1977년 작〉

짝을 지은 철새 날아 하늘 위를 맴돌고
꽃들은 피어 만발하고 별빛은 향기로운데
울지도 못하는 이 몸 날지도 못하는 청춘
날개 꺾인 봄날 나비의 슬픔이여
다시 못 만날 내 젊은 날의 푸르른 달빛이여
선 채로 죽어갈 내 청춘의 봄이여

앞산엔 철새의 노래 들녘엔 하얀 뭉개구름
세상은 깨어나서 이렇게 화려한데
부르지도 못하는 노래 잠들지도 못하는 신세
귀머거리 봄날 청춘의 밤이여

국화꽃 필 때

가을날에는 부는 바람도 향기롭구나
국화꽃도 바람 따라 춤을 춥니다
설레이는 마음은 하늘을 날아가고
속삭이는 별들은 나를 부릅니다
푸른 창공에 뽀얀 반달노래
석양녘 산길에 노니는 소 평화로세

나그네 새

달빛은 고요히 바람을 타고
구름은 너울너울 춤을 추네
끝없는 나그네의 지친 노래만
허공을 맴돌아 적막을 깨뜨리네
석양에 지는 해는 꿈을 안고 잠들고
동녘에 뜨는 달은 꿈을 먹고 뜨네
해가 뜨고 지고 달이 뜨고 지는 것은
먼 하늘에 사는 나그네 새로구나

산

산에 피는 꽃은 님을 그려 피고
산에 우는 새는 님을 불러 우네
달빛 한 조각에 꿈을 싣고
구름 한 조각에 사랑 실어
이 밤을 새는 산에 산에 파노라마
산은 꽃을 빛내고 꽃은 산을 설레네
새는 산을 노래하고 산은 새들을 그리네
달도 별도 없는 밤이면 세레나데 그리워 울고
꽃도 새도 죽으면 산도 죽는다네

찌르릉

〈"학교종" 개사 1979년 작〉

학교 벨이 찌르릉 어서 가보자
선생님이 우리를 빤스 빠신다

학교 벨이 찌르릉 어서 가보자
선생님에 빤스 색깔
오늘은 바뀌었을까

사랑의 마술

〈영화 “Nazarimo” 삽입곡 개사 1979년 작〉

사랑은 아름다운 빛
별처럼 신비로운 꿈
슬픔도 고통도 모두 앗아가는
묘한 마술 사랑의 불꽃
사랑에 빠져 병들기도 하고
사랑에 미쳐 죽기도 한다네
모든 것을 비워야 채워지는 것
나를 버려야 사랑은 꽃핀다네

모르겠네

사랑에 눈이 멀어 한평생을 바치었건만
가슴에 쌓이는 허무함은 무엇인가
지나침은 모자람을 이기지 못하더냐
마실수록 갈증나는게 사랑인지 모르겠네
청춘도 고독도 느껴 알고 있으련마는
까만 잔디밭에 숨은 욕망이란 놈은 난 모르겠네

나그네 밤

적막한 밤하늘에 달빛은
떠나간 님의 얼굴인가 님의 눈물인가
불러도 대답 없는 한 많은 청춘
술잔에 눈물 적신다
바람찬 언덕길에 홀로 서서 잠든 별을
찾아보는 바람 같은 신세보다 잡아도
모르는 체 외면하고 떠나가는 나그네 밤이
더 야속해라

달콤한 곳에

머나먼 그곳에 떠나고 싶어
푸른 숲이 우거진 곳에
새들이 노래하고 꽃들이 미소 짓는
향기롭고 아름다운 낙원 세상으로
나 항상 그리워하던 나 항상 흠모하던
천사 같은 곳에 무언가에 미쳐 빠져 있는 자의
모습처럼 멋지고 달콤한 곳에

푸른 마음

푸른 창공을 쳐다보면 내 꿈도 파래져요
푸른 창공을 쳐다보면 눈이 부셔 와요
파란 바다 위에 흰 갈매기처럼
파란 바다 위에 흰 돛단배처럼
내 마음은 창공을 날아가고
구름은 나를 둥둥 띄웁니다

달은 뜨는데

〈"Tombnage" 개사 1978년 작〉

꽃잎이 떨어지네 이 내 가슴속 깊이
속절도 없는 세월에 달빛마저 허무해
별처럼 빛나던 사랑의 속삭임도
달콤한 첫사랑에 입맞춤도 떠나네
별을 따라 헤메이던 청춘의 갈증도
눈빛처럼 순결한 눈망울도 없어지겠지
청춘이여! 사랑이여! 꿈이여! 인생이여!

청춘 잎

청춘 때는 낙엽도 푸르구나
꽃은 피어 천리를 가고
달빛은 흘러흘러 옛날을 찾는구나
푸른 님은 붉은 님이 되었어도
어찌 내 마음은 이다지도 푸르더냐
새는 울어도 눈물이 없고
사랑은 죽어도 시체가 없구나
구름은 피고 피어도 텅 비어 있고
시냇물은 흐르고 흘러도 채우지 못하리라

고향의 밤

〈“고향의 봄” 개사 1979년 작〉

처녀의 가슴에도 따뜻한 브라자를
올 겨울엔 한 켤레 선물해 주세요
브라자 없는 처녀의 겨울날이란
쮸쮸바 없는 밤과 같은 거에요

낙엽

쓸쓸하다 생각하면 괜스레 마음 시리고
보고파라 마음먹으면 뜨거워지는 이 가슴
무엇을 찾을까 무엇을 버릴까 떠도는 수심이
추야에 피어나는 낙엽이로세

인생놀음

달빛에 실어볼까 구름에 띄워볼까
적적한 밤 술잔에 적셔볼까나
꽃도 지고 새도 날아가고 이 내 몸은 늙어지고
낙엽 따라 가는 인생 어쩔 수 없는 설움
인생 놀음 바람에 지쳐 저무는 하루
저녁 안개에 해가 잠드네
소슬바람에 꽃잎이 휘날리듯이

술별

흰구름 저 멀리 둥실 떠가면
잊지 못하여라 푸르른 조각달
왜 이다지 보고싶을까 왜 이토록 그리울까
달이 뜨면 텅 빈 하늘에 피어나는 술별들
터질 듯한 요 숨통

고향

어릴적 뛰놀던 고향에 돌아와 보니
진달래 피고 뻐꾸기 울던 고향은 아니로다
푸르던 숲은 콘크리트 숲으로 바뀌고
정답던 사람들은 떠나고 쓸쓸하고 황량하기 그지없고
부푼 내 마음만 홀로 푸르구나
고향은 저 멀리 남촌에 있는 것이 아니로되
내 마음속에 숨어 고향에 와도 고향이 그리울세

행복한 자

산을 넘는 구름 흘러 어디로 가나
먼 남쪽나라 그리움 찾아가나
강을 건너는 바람불어 어디로 가나
먼산에 숨은 보고픈 자 만나러 가나
보고프고 그리움이 있는 자의 얼굴은 단풍과 같고
보고프고 그리움이 있는 자의 눈빛은 별과 같고
보고프고 그리움이 있는 자의 미소는 첫눈과 같고
보고프고 그리움이 있는 자의 마음은 조각달과 같아라
보고프고 그리움이 있는 자는 행복하여라
그마음 아는 자는 더욱 행복하여라

꼬라지

〈“개여울” 개사 2015년 작〉

당신의 꼬라지는 어떻습니까
설마 모르시진 않겠지요
당신의 꼬라지는 어떻습니까
자신에게 어울리지 않는 말을 하는 것이 장점인가요
꼴갑 꼴갑이라는 것은
자신에게 맞지않는 언행이구요
꼴에 꼴갑한다는 것은
자신에게 어울리지 않는 옷을 입는 거예요
꼴갑 꼴갑이라는 것은 적반하장 같은 겁니다

청춘

꽃답던 청춘 시절 멀리 떠나고
추억만이 홀로 남아 옛날을 부르네
철쭉 꽃길에 새 울면
달 따라 별 따라 노래도 부르련만
너 없는 밤에 부르스는 공허한 메아리로세

사랑의 등불

〈"beautifull Sunday" 개사 1978년 작〉

어둠을 꿰뚫고 피어나는 저달빛
내 가슴 밝혀주는 사랑의 등불
저 별빛은 소망의 빛 봄노래는 사랑의 노래
꽃이 피는 봄날은 사랑의 계절
사랑에 빠지면 그 마음 누구도 몰라
한밤중에도 태양이 떠오르지
두 눈을 뜨고 있어도 아무것도 보이지 않는
누구도 풀 수 없는 수수께끼 같은 것이지

풀꽃

봄이 오는 언덕에 핀 뜻 모를 꽃송이들
걱정도 근심도 없어 세상 몰라 용감하게 피었도다
달이 뜨면 물에 빠진 달그림자인 듯하고
별이 뜨면 꿈을 불러 세상을 설레게도 하다
바람 불어 낙엽이 날리면
후회도 미련도 이름도 없이 떠나리
아쉬움 그리움도 모르는 채
자국마저 잊혀지리

가을밤

귀뚜라미 귀뚤귀뚤 우는 밤에
등불을 밝혀 들고 뜰 앞에 나섰더니
달님은 미소를 짓고 별님은 윙크하네
님 그려 우는지 배가 고파 우는지
끝없는 노랫소리 처량도 해라
꿈을 사르듯 이 밤을 재촉하며
어둠을 삼켜 들고 흐느껴 웁니다

가을 야경

하늘엔 조각달 바람에 노닐고
땅 위엔 조각 잎새 바람에 맴도네
호수 위에 묻힌 구름 누굴 찾아 물속에 서 있는지
하늘인지 땅인지 꿈인지 생시인지
내 마음 나도 몰라라

2

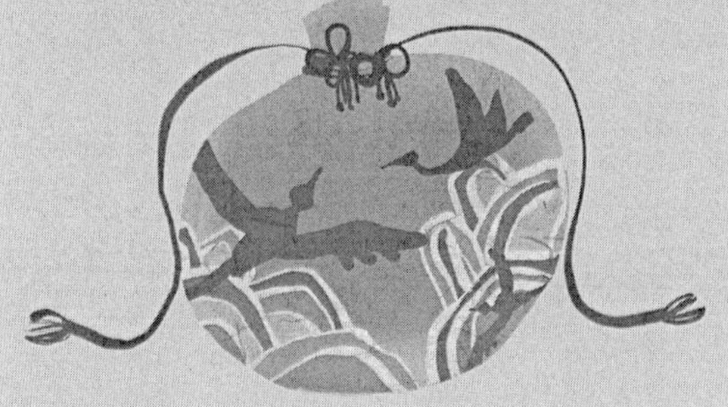

동새

꿈도 없고 희망도 없는 겨울 들판에
누굴 찾아 나왔나 이른 새벽부터
황량한 겨울바람 홀로 삼키며
눈보라에 춤추며 어디로 가느냐

강물도 얼어붙은 겨울강 언덕에
무엇하러 나왔나 별도 깬 새벽에
꽃도 없고 풀도 죽어 삭막한 이곳에서
그 누가 보고파서 목메어 우느냐

사랑의 노래

〈"Papa" 개사 1978년 작〉

짝을 찾는 저 기러기 가슴 설레고
짝을 만난 저 소녀 가슴 부푸네
사랑이 어떤 건지 잘 모르지만
사랑에 빠지면 더욱더 몰라
사랑은 안하려 해도 언제나 마음뿐이지
꿈을 꾸듯 예고도 없이 찾아들어 가슴 태우지
사랑이란 무엇이더냐
눈을 뜨고도 꿈을 꾸는 것이지
사랑이란 무엇이더냐
봄날도 초라하게 만드는 것이니
꿈꾸는 초록별 꿈을 먹는 작은새
사랑 잡는 봄버들 사랑 먹는 봄노래

인생의 반쯤에

가을이라 밝은 달은 휘영청 빛나고
귀뚜라미 님 그려 우는 밤
겨울로 떠나는 세월에 손 내밀어
잘가라 작별인사에 술잔을 권하리
붙잡아도 뿌리치는 매정함에 상처입지 말고
보내고 웃을 수 있는 여유를 품고 살자

만경강 친구

푸른 강물 소곤대는 곳 보고파라
날 그려 미소 지으며 이 몸을 찾으리
누구나 알 수 없는 타향의 서러운 맘
보고파라 달이 뜨고 별이 뜨던 꿈결 같은 내 고향

뻐꾹새 높이 날고 푸른 바람 불면
두고온 내 고향 그리워 푸른 산촌
밤마다 잊지 못해 꿈속에 나타나는 잔디밭
찾으리라 꿈이 있고 사랑이 있는 동무 같은 내 고향

천국과 지옥

찬바람에 날리는 낙엽을 보노라
그리워라 내 어릴적 함께 뛰놀던 동무들
이 세상에 천국이 어디이고 낙원이 어디더냐
지나고 생각하니 내가 찾는 옛 시절일세

구름에 숨은 달을 조용히 생각하노라
보고파라 내 젊은날의 꿈과 야망들
이 세상에 지옥이 어디고 사막이 어디더냐
지금 생각하니 청춘을 모르고 지낸 지금의 내 모습일세

평등

〈"빛과 그림자" 개사 1978년 작〉

남자는 앉아서 소변 봐도
여자는 서서 소변 못 봐
인간은 태어날 때부터 불평등한 거야
조물주가 애초에 인간을 만들 때
서로 어울려 살라고 그렇게 만든 거야
여자는 지조가 없고 남자는 지보가 없어
대변보듯 평등을 주장하는 것은
미련한 짓이야

청춘의 얼굴

〈"Diama" 개사 1979년 작〉

카페에 앉아 커피도 마셨지
멜로 영화 보면서 미래 꿈도 꾸었지
진달래꽃 핀 언덕길을 걸으며 사랑 노래 불렀지
오 꿈속같은 청춘이여
우리에게 내일은 한 자락 사치이지
우리에게 미래는 허황된 꿈 같더라
우리에겐 언제나 오늘만 있는 것이리
오, 꿈속같은 청춘이여
황혼의 홀로 나는 파란 나비의 노래
석양에 홀로피는 노을 얼굴은 생각하지 말자

추야의 부르스

바람에 타는 별은 산야를 뚫고
내 마음속에 흘러들고
구름은 강을 넘어 저 먼나라로
나를 데려가는구나
낙엽은 날리어 세상을 느끼고
새들은 고요히 잠들어 꿈을 꾸는구나
친구여 벗이여 가을밤에 동무들이여

귀뚜라미와 나

바람은 솔잎을 부르고
구름은 호수 위에 그림을 그려놓고
달빛도 꿈을 꾸는 평화로운 이 밤에
내 마음은 집시인 듯 온 세상이 다 내 것이고
너의 울림은 피리소리인 양 내 마음이요
이슬에 젖는 구름노래는 너의 순정일세

붉은 봄

꿈꾸는 이팔청춘 눈물이 흐르더라
피 끓는 두 주먹에 하늘도 우노라
화려한 사월은 보석처럼 빛날제
꽃들은 만발하고 새들도 흥에 겹지만
봄은 아니로다
술잔을 적시는 달빛의 설레임은
오늘도 멀리 나를 부르네
짓밟히고 굶주리고 찢겨진 몸이라
모르는 것도 죄가 되는 봄이로다

꽃길

금잔화 들장미 어울려 핀 길을
나 홀로 속삭이며 걸어 봅니다
산들산들 부는 바람에 꽃향기가 퍼지듯이
내 마음은 저 멀리 날아갑니다

푸른 하늘 뭉게구름 뜬 강 언덕에서
나 홀로 소곤대듯 불러 봅니다
강물에 떼를 지은 물고기들이 꽃물을 만들 듯
사랑 노래도 저 하늘에 별꽃을 그립니다

사랑의 속삭임

〈“Obrad obrdee” 개사 1979년 작〉

달이 뜨는 언덕을
나 홀로 휘파람 불며 걷노라
어디선가 불어오는 바람 향기는
나를 부르는 사랑의 속삭임
사랑은 마시지 않아도 취해 비틀비틀거리고
사랑은 먹지 않아도 배불러 헐떡헐떡거리지

파도치는 해변을
나 홀로 쓸쓸히 걷노라면은
반짝이며 다가오는 조약돌 하나
언제나 내 마음속에 벗이로다
사랑은 마시지 않아도 취해 비틀비틀거리고
사랑은 먹지 않아도 배불러 헐떡헐떡거리지

뜸부기 고향

산머루 송이송이 까맣게 익으면
푸른 숲에 뜬 달님도 하얗게 웃는 그곳
어디 간들 지워질까 뜸부기 우는 내 고향
실바람도 정다워라 흰구름도 흥겨워라

찬바람 서리 맞아 단풍잎도 썰렁댈 즈음에
국화꽃 들판에 홀로 남아 푸르른 그곳
꿈인 듯 모르리까 종달새 소리 아름다운 고향
강물도 포근해라 강 언덕도 따스해라

사모하는 마음

산을 넘는 저 구름아 가는 곳이 어디뇨
그 누굴 찾아 끝없이 헤메도는 순정이냐
낮이면 붉은 해를 쫓아 밤이면 푸른 달을 쫓아
사모하는 너의 마음 어디쯤에 멈추려나
궂은비에 눈 내리면 그땐 어쩌나
마음 변해 싫어지는 것이 눈물이고
마음 있어도 잡을 수 없는 것이 고독이라
싫은 마음 미워할 수 없는 것이 사랑이고
미워도 버릴 수 없는 것이 정일세
연분의 고통일랑 묻지 말게
연분의 고통 속엔 행복도 있으니까

늦가을

옷 벗는 산과 들에 허무함이 덮이고
낙엽이 뒹구는 곳에 내 마음도 뒹구네
하늘 높이 울며 나는 저 기러기떼
네 마음이 내 마음이구나

불어오는 바람결에 쓸쓸함이 묻어 있고
흐르는 강물 소리 괜스레 처량하구나
이 한밤 초라하고 외롭게 떠 있는 저 조각달
네 모습이 내 모습이구나

홀로 서

청춘은 바람에 날려 뒹구는 낙엽처럼
흔적도 자취도 없이 숨어버릴 달그림자인 걸
깨닫지 못한 청춘은 큰소리치다
깨달은 후에는 백발이더라

사랑은 두 사람의 마음과 마음이
푸르기가 뚜렷하다 세월이 가듯
얼음이 녹듯 조금씩 몰래 바래지는 것
깨닫지 못한 두 사람은 큰소리치다
깨달은 후에 홀로 웃는 것

내 별빛

〈"You mean everything home" 개사 1979년 작〉

별이 없는 외로운 이 밤에도
너 있어 이 마음 한없이 기쁘고
달이 없는 쓸쓸한 이 밤에도
너 있어 이 가슴 훤히 빛나네
꽃피고 새가 우는 봄이 찾아와도
너는 나의 생명 너는 나의 모든 것

홀로 피는 밤

화조도 잠들어 고요한 이 한밤
들녘 잔디에 누워 전설을 부르노라
노란 저 별은 누구의 분신이며
어느 님이 죽어 만든 피와 땀이더냐
파란 저 달은 누구의 사랑의 선물이며
어느 님의 인연의 고통으로 태어난 업동이더냐
초록 저 별은 그 누구의 행복의 꽃이며
어느 님이 밤마다 부르는 거룩함이냐
비맞은 세월의 장난인가 꽃피는 술병의 필연인가
한맺힌 연분의 조화련가 생각의 고뇌가 있는곳
홀로 피는 밤 못 견디는 이 마음

나그네 길

낙엽이 꽃잎처럼 떨어져 날리고
갈길은 멀어라
시작도 끝도 없는 머나먼 나그네 길
별빛도 차가워라
창공에 울며 섰는 저 두루미려나
꿈도 희망도 내일도 없어라
파란 하늘 국화꽃 피고 단풍이 곱게 물들면
마음만 아파라

대머리

〈"마음 약해서" 개사 1982년 작〉

유신 나빠서 데모했다네
계엄 나빠 데모했다네
전두○이는 대머리요
신현○은 도둑놈이네
어떤 놈은 뼈빠지게 일을 해도 굶어죽고
어떤 놈은 도둑질해 호의호식하고
누구의 잘못이더냐 누구의 미련함이더냐
뻐꾹새야 말하여라

마음이란 놈

마음을 다 바치니 그리움도 없어라
눈에 보이지 않아도 항상 기쁨이어라
가까울 땐 눈으로 느껴 즐거움이요
멀리 있음에 굳게 믿어 편안한 마음이 사랑이어라

마음을 접으니 가슴도 시원해라
가슴 조임이 없으니 초라함도 없어라
싫어지면 돌아서는 것이 인간사이고
싫어도 돌아설 수 없는 것이 정분이더라

소녀

〈"Love me tender" 개사 1978년 작〉

별빛이 타는 밤 너는 무엇을 하는지
동백꽃 잎을 입에 물며 활짝 웃던 소녀야
머나먼 남쪽나라 구름 잠자는 들녘에서
낮에는 꽃과 함께 밤에는 달과 함께 살고 싶어했지
꿈을 꾸듯 봄날의 청춘 같은 소망의 눈빛이여
달콤한 첫사랑의 입맞춤 같은 소녀야

연민의 가로등

거리에 가로등 불이 한밤의 꽃이여
새벽이 찾아오면 자취만 남아 있겠지
잡지 못할 청춘 지울 수 없는 미련
세월이 흘러 지금도 또 그렇고 그렇겠지

삶이란 아쉬움 아쉬움 아쉬움을 먹고 피는 꽃
아쉬움이라는 것을 알면서도 속는 신세
인생이란 후회 후회 후회 속에 토하는 노래
후회라는 것을 알면서도 또 행하는 노래

달이 뜨면

잠시 쉬어 가리라 잠시 머물다 가리라
바람에 날리는 저 노란 낙엽처럼
머나먼 인생길 덧없는 구름길
달 따라 꿈 따라 꿈을 꾸듯 그렇게 설레이며

봄이 오면 꽃은 피련만 봄이 오면 새도 울련만
술잔을 적시는 저 달빛의 흐느낌처럼
마음이 허하고 가슴이 차갑도다
서산에 지는 달은 이마음 훔쳐 알려나

눈별

산에 오는 눈은 님을 싣고 내리고
들에 오는 눈은 꿈을 싣고 내리네
세상은 하얗게 사랑으로 빛나고
내 마음은 빨갛게 청춘으로 불타네
산에는 눈꽃이 피고 들에는 눈새가 울고
내 가슴엔 눈별이 흐른다
적막하던 세상은 윤기가 돋아나고
아침 해는 침묵 속에 세상을 읽는다

달 따라 별 따라

달 따라 별 따라 걸어보세
소나무 우거진 오솔길을
산새들 잠들어 꿈꾸는 숲 속을
달 따라 별 따라 걸어보세

달 따라 별 따라 노래 부르세
산머루 산다래 정다운 고향
철쭉꽃잎 뜬물 위를 나는 인두새
달 따라 별 따라 노래 부르세

청춘의 미래

〈번안곡 “고별” 개사 1979년 작〉

바람이 불어오네요 오염된 이 세상에
가엾은 청춘만 허공을 맴도네요
살며시 눈을 뜨면 달빛은 빛나고
구름속에 꽃잎처럼 헛된 이 가슴
청춘의 고통도 사랑의 슬픔도
세월이 흐르면 아름다울까
지금 내 모습에 미래는 낭비지
꿈속에 현실을 찾는 것이리

미련이란 이름

바람에 낙엽들이 저 멀리 날리노라
다시 못 설 것에 대한 쓰린 마음 겨울이로다
꽃이 피면 지고 인생도 그렇다고 들어 알련만
막상 닥쳐 느껴보니 말보다는 더 슬픈 것 같구나

새하얀 구름이 저 멀리 흘러가노라
살아있음을 알지 못한 지난날이 원통하구나
청춘 시절이 좋고 인생의 황금기라 들어 알련만
그것을 깨닫고 이해하였을 땐 청춘은 아니었던 것 같더라

동절의 청춘

산야에 하얗게 눈이 덮이어 빛나고
바람은 쌩쌩쌩 회오리쳐 불면
커피 한 잔의 그리움 달빛의 목마
구름의 평화로움 별들의 외침
은은하게 들려올 듯한 추억의 종소리의 설레임
얼어붙은 강가를 뛰노는 저문 새들의 노래
자네들이 겨울날의 꿈이요
겨울날의 생명이요
겨울날의 청춘일세

작별

눈은 내리건만 님은 오지 않네
눈은 설레건만 마음은 쓰리네
가까이 있을 땐 알지 못하다가
떨어져 있음에 나는 깨달았네
사모하는 마음이 꿈인지 현실인지
네 마음이 참인지 거짓인지 너만이 알겠지만
사모인지 장난감인지는 작별이 알려준다네

담배

너는 나의 친구 고독을 사르는 불멸의 천사
까만 밤 예술혼을 부르는 영혼의 숨소리
구름인가 바람인가 몽롱한 너의 얼굴은
헐벗은 내 영혼을 살찌우는 한줄기 샘물이더라
술 한 잔의 설레임과 담배 한 모금의 영롱함이
얼크러지면 삶의 기쁨이요 인생의 청춘일세
너 없는 밤은 생각의 의미가 없고
님 없는 달밤과도 같다

혼의 고향

〈"Elcondopasa" 개사 1979년 작〉

하얀 눈이 내리는 밤 나 홀로 숲길을 걷노라네
달도 없고 별도 없고 세상은 잠들어 고요하여라
천상엔 별빛처럼 꽃잎이 날려오고
이 가슴엔 휘파람 소리에 바람꽃이 피어나네
해맑은 눈망울은 세상을 깨우쳐 밝혀 들고
새하얀 눈송이는 오염된 내 영혼을 정화하네

네 모습

그윽한 님의 눈빛은 어둠을 꿰뚫고
술잔에 피는 설레임 가슴속 하나 가득
반짝이는 별빛 찬란한 달빛
꿈을 나눠 먹는 하늘의 화신들
누군가의 희망이 되고 누군가의 사랑을 먹고
누군가의 외로움을 달래는 만인의 동무들
님의 모습 님의 얼굴의 아쉬움을 넘어
너의 맘 너의 얼굴 네 모습이 보고 싶구나

단풍

단풍나무 숲속에 나의 마음 내려놓으리
내 인생 단풍 잎새와 같으니 내 곁에 서 있으리
초록이 쓰러져 잠들고 내 여름은 다시 오지 않으리
돌이키지 못할 연분을 버리고 너에게 마음 주련다
서러움에 눈물짓던 밤 아쉬움에 잠 못 들던 밤
모두 잊고 이제는 네 마음 빼앗으련다

고향의 달

고향이라 뜨는 달은 홀로 떠도 다정하구나
꿈속에 님을 본 듯 물결치며 내게로 다가오네
달님은 아시려나 메아리치는 이 내 심정을
구름에 덮여 나는 초록새의 가슴에
마심이 없음에도 취해서 못 견디는 이 야릇함을
꽃이 없어도 새가 없어도 이 가슴에 찬란한 봄바람을
저 달은 아마 모를 거야 모르고 웃을 거야

청춘 무렵

한 점의 별빛에도 마음 시려 오고
비단구름 높이여 더욱 허망하여라
삼경에 피는 조각달은 어느 님의 연분인가
떠난 님 생각에 못믿을 사랑에 달빛도 쓰려라

구름에 덮인 달은 내 신세요
비에 젖은 꽃잎은 내 얼굴이라
비단옷 석양을 맴도는 두견새 노랫소리
버림받은 청춘 썩어 갈 연혼에 화려한 장송곡이어라

사랑의 정체

〈“Besmaemesdo” 개사 1979년 작〉

꽃잎이 바람에 날리고 달빛이 화사하게 떠오르면
사랑의 눈을 떠봐요
아이스크림처럼 달콤한 이 밤을 깨워요
별들이 빨갛게 익어가는 푸른 하늘
구름은 내 가슴속 깊이 연기되어 피어나네
사랑은 마시고 마셔도 목이 마른 사막의 꽃과 같고
사랑은 잡으려도 지우려도
뜻대로 안 되는 꿈속에 안개여라
사랑은 주어도 주어도 모자라고
받아도 받아도 부족한 것
사랑은 헤어지면 보고프고
만나도 만나도 갈증 나는 것
사랑에 푹 빠지면 한겨울에도 꽃들이 피어나고
사랑에 병들면 아무것도 모르는 바보가 된다네

산마을

석양녘 노을빛에 바람이 잠들면
뜻 모를 이야기에 웃음꽃 피는 산마을
푸르던 그밤들은 옛날이 되었지만
내 마음은 아직도 옛날이 아니라네

산에서 사는 새는 산에서만 운다네
산이 아닌 곳에서는 울지 않는다네
산이 고향이라는 것을 일찍 깨달아
타향에서는 정다운 소리 못 듣는다네

눈이 내리면

눈이 내리는 산과 들은 산야가 아니로세
산은 꽃이요 들은 하늘이라
꽃은 향기가 있어 좋고
하늘은 향기가 없이 맑아라
눈이 내리면 달도 별도 숨는다네
달은 꿈나라로 별은 꿈속으로
잠시 눈을 붙여 미래를 기약하노라
눈이 내리면 춥다춥다 하더라만 나는 못 그러네
커피 한 잔의 뜨거움과
사랑 한 조각의 달콤함이 있음에
커피는 내 마음이요 사랑은 내 님일세

스승

돌부리 치며 걷다 만난 조그만 도라지
가냘픈 설움에 꽃잎은 바람결에 흔들려라
님은 어디 가고 너만 홀로 외로이 서 있느냐
너는 알겠지 짝을 잃은 내 마음을
머리 숙여 노래 부르니 너는 나의 스승이로다

민들레

금물결 흐르고 종달새 나는
언덕 위에 선 민들레 같이
사랑아 사랑아 우리 연분 꽃피우자
봄이면 산들바람이 가을이면 푸른 하늘이
우리들의 얽힌 마음 축복할 거야
사랑아 사랑아 우리 인연 꽃피우자

붉은 밤

〈"불타는 인생" 개사 1977년 작〉

키스해 주세요 어금니가 쏙 빠지도록
달려와 주세요 조개털이 휘날리도록
바람인 듯 구름인 듯 놀고 싶어요
꿈인 듯 생시인 듯 살고 싶어요
껴안아 주세요 갈비뼈가 우그러지도록
쓰다듬어 주세요 머리칼이 대머리 되도록

지상낙원

꽃이 피면 향기롭고 새가 울면 아름다워라
봄이 오면 설레인 마음은 고목도 청춘이어라
하늘 멀리 허공을 맴돌며 노니는
한 쌍의 저 원앙이 지상낙원이로다
무지개빛에 스며 피는 내 노래 내 사랑에
미래의 초상이면 이 마음 좋겠네

달의 눈물

겨울이라 함박눈은 펑펑 내리고
하늘 높이 저 기러기 어디로 날아가나
날은 꽁꽁 얼어붙고 해도 없는 저녁
끝없는 네 울음소리 처량하기 짝이 없어

낙엽 한 장 구르고 굴러 어디로 떠나가나
반겨주는 이 하나 없는 가엾은 내 신세
찾을 곳도 머물 곳도 없이 떠도는 이몸
서쪽하늘 기운 달을 보며 말없이 눈물집니다

조선의 꽃

노랑저고리 남색치마 순백의 외씨버선
연지 찍고 곤지 찍고 곱게 빗은 머리 청비녀
꽃구름이 흘러가듯 무지개가 피듯
불그스레한 웃음 조선의 향기요
다소곳한 몸짓은 한반도의 벗이어라

청춘과 사랑

〈"Sadmorre" 개사 1978년 작〉

세상도 잠들어 꿈꾸는 이 한밤
헐벗은 새 청춘만 홀로 깨어 서 있네
내림받고 피어난 저 구름 하나
그림은 내 얼굴이요 마음은 내 신세로다
오오오 청춘이여! 이름만 들어도 터질 듯한 이 가슴
오오오 사랑이여! 눈 오는 밤에도 달이 뜨는 것이리

황야에 울부짓는 노을처럼 구름처럼
굶주린 내 마음에 미래는 꿈이라
울어도 눈물 없고 날아도
날개 없는 것이 청춘의 모습 사랑의 얼굴이라
오오오 청춘이여! 이름만 들어도 터질 듯한 이 가슴
오오오 사랑이여! 눈 오는 밤에도 달이 뜨는 것이리

반월

물도 아닌 것이 술도 아닌 것이
내 목을 축여 주고 나를 취하게 한다
꽃도 아닌 것이 새도 아닌 것이
내 눈을 빛나게 하고 내 마음을 즐겁게 한다
꽃에 나비가 앉았을 때
꽃은 꽃이 되고 나비는 나비 되었고
내가 너를 느꼈을때
나는 비로소 인간이 되었다

찻집의 밤

눈이 쌓인 산마루터
별이 내리는 조그만 찻집에
단 둘이서 피카소를 그려두리 내 사슴이여
달빛도 탐을 놓는 우리들의 밤을 붙여 놓으리
잡지도 막지도 못하리라 지난 밤이여
내 훗날 꿈속에서 만나리라

내 마음의 빛

너의 시선 머무는 곳에
내가 있어 그빛을 더하고
너의 마음 문을 열 때
내가 들어가 하나가 되었네
사랑하는 이여 사랑하는 이여
기쁨도 슬픔도 반쪽으로
즐거움도 괴로움도 반쪽으로
나누며 우리 함께 가자
내 마음의 빛이여 나의 눈이여

사랑의 문턱에서

우리가 먼 훗날 어느 별에서 어떤 인연으로 연분을 맺고 살아갈지 아무도 모른다
한 가지 간과하지 말아야 할 것은 사랑은 죄악도 악마도 아니라는 것이다 사랑하는 사람이 있으면 더욱 사랑하고 사랑하는 사람이 없어도 돌 씹은 듯이 보지 말라는 것이다 이런 말이 있다. 결혼을 해도 후회하고 안 해도 후회한다는 말 나는 이 말은 사랑을 찬양하라는 말이라고 생각한다 결혼을 하면 더 많은 상대와 사랑을 못 한다는 것에 대한 후회이고 결혼을 안 하면 사랑을 모르는 것에 대한 후회일 것이다
사랑을 모르던 사람이 갑자기 사랑을 하면 나는 후회할 것이라고 확신한다 무슨 소리냐 할 것이지만 이런 것이 다 일찍이 사랑을 몰랐을까에 대한 바보 어리석음을 갖고 산 것에 대한 후회 말이다
인생은 사랑이 전부라고 해도 과언이 아니라고 생각한다 우리가 일하고 먹고 자고 마시고 하는 것도 사랑을 하기 위한 수단 도구라고 나는 생각한다 아무쪼록 독자들은 많은 사랑을 하기 바라면서 나는 사랑을 이렇게 정의한다

사랑하는 사람이 슬프면 꽃도 아름답지 못하고
사랑하는 사람이 기쁘면 잡초도 아름다운 것이라고

꽃들의 눈물

1.
석양에 기러기인 듯 반짝이는 무수한 꽃별들
버림받은 마음에 후회하게 만들리라
맹세 다짐 굳지만 흐르는 눈물은 어쩌랴

2.
누구를 원망하랴 나 싫어 가는 자를
잡아본들 무엇하리 후회한들 무엇하리
이제는 모두 잊고 행복을 빌어야지

3.
한탄한들 풀리리 돌이키지 못할 것을
어차피 지금의 한 자락 꿈이 된 것을
울어서 돌아오리 내 모습만 더 초라해지는 걸

청춘 생각

미련만 남겨놓은 채 떠나버린 그 자리에
마음속 하나 가득 그리움만 쌓여 있네
아 님이여 사랑이여 다시 못올 내 청춘이여
해 지고 오늘도 먼 산에 홀로 앉아
서쪽하늘 너머 조각달만 그려보네

허무한 꿈

〈"Love portion number nine" 개사 1979년 작〉

1.

찬란한 저 달이 떠올라도

님 없는 밤이면 더욱더 처량해

봄날의 병든 사람처럼

가엾고 가여운 허망한 꿈이여

청춘이 저 멀리 떠나버리면

사랑도 모두 끝이 난다네

향기 없는 꽃잎처럼

쓸쓸한 구름에 덮인 허무한 꿈이여

고향의 소리

1.
가로등 불빛은 잠들어 고요한데
적막을 깨트리는 한줄기 피리 소리
님을그려 부르는지 고요함을 싫어 그러는지
목소리 한번 구성지구나

2.
달 밝은 밤 강가를 홀로 거닐면
밤을 쫓는 벌레들의 지친 울음소리
어떤 놈은 달이 밝아 잠 못 잔다고 울고
어떤 놈은 달이 웃는다고 기분 나빠 운다네

심설

찌를 듯한 북풍한설
몰아치는 겨울이라 춥다 이릅니다만
꽃이 피고 새가 울고 달이 뜨고 별이 뜨는 밤
님 없는 설움을 이길소냐
생각에 생각을 덮고 덮어도 마시고 마시어도
못 견디는 것은 이뿐인가 여쭈어라

은총의 땅

사랑이 있는 축복의 땅 예루살렘
평화로운 밤 천사의 노래 들리네
웨딩드레스인 듯 순결함이 온 세상에 가득찬다
금새들이 반짝이는 교회 지붕 위로
은총의 새하얀 눈이 날린다
세상은 활기차면서도 숙연하고
레몬 향기처럼 감미로워라

붉은 장미

녹야 속 붉은 장미 바라다 보아도
뜨거움을 느끼지 못하는 어이 몸
별들이 빛나고 찬란한 여름이
지금 내게 무슨 소용이리
한 곳에 붉은 장미 홀로 푸르고
내 마음은 하늘의 설움에 죽네
동산에 밝은 달 곱게 떠오르면
청춘에 아쉬워 술잔을 물고 또다시 죽네

겨울 꽃집

눈이 내리는 겨울 꽃집에
문을 열고 나 홀로 들어서니
장미 프리지어 안개꽃이 피어 있었네
짝을 잃어서인지 넋이 빠져서인지
처량한 웃음에 차마 눈을 뜰 수가 없었네
가엾은 꽃잎의 전설을 들으면서
버림받은 청춘에 잠 못 이뤄 새벽별을 보았네

만추팬

조그만 산골에 들어 속세에 끈을 모두 벗고
달님 별님 따라 밤의 환타지를 접고 싶다
뻐꾸기 울고 두견새 나는 작은 동산에서
머루랑 다래랑 따먹으며 산노을을 접고 싶다

청춘의 술잔

〈“Proud merry” 1977년 작〉

금빛물결 둥근달이
동산 위로 떠오르면
바람은 살랑살랑 불어오고
구름은 너울너울 춤추는 밤
달을 따라 소쩍새는 떠들고
버들잎은 피는데
청춘아 술잔을 높이 들어라
사랑아 하늘로 날아가자

노랑저고리에 쪽빛머리
옥색치마 받쳐든 여인
하늘에서 보내주신 선녀인가
저 여인의 여린 넋은 무엇인가
어느 님의 연분으로 나를 부르나
소녀야 가엾은 잔에 술을 부어라
소녀야 얼은 이 봄에 불을 질러라

춘월 즈음에

꽃들이 만발한 봄바람 숲길에서
소리소리 새겨보는 마음 별빛 묻은 마음
천상의 꽃구름인가 노을 속 제비인가
피어나네 돋아나네 꿈인 듯 마음인 듯

돛단배

폭풍을 헤치며 바다에 뜬 저 돛단배
청춘과 야망 서린 너 나의 보금자리
우리 둘이 함께 걸으면 두려울 게 뭐 있으랴
사나이 한번 나서 두 번 죽으리

부춘

꿈인들 모르리까 어두운들 지워질까
그 눈빛 그 목소리 살던 그 다짐의 그 고개
지금은 흘러간 달빛 잡아도 뿌리치는 요술
아 청춘이여 사랑이여 또 한 번 되어다오
봄날의 제비처럼 훨훨 날아가려마
꽃피고 새 울고 나비 날아가련만
봄은 아니로다 봄은 아니로다 나의 봄은 아니로다

청춘마술

붉은 꽃잎 하나 바람에 떨어져 날리노라
떠나간 그 옛날이 아쉬워 조용히 그려보는 이 한밤
눈 내리면 손을 잡고 바람 불면 서로 안고
나누던 커피 한 잔
청춘의 날개들이 담배 연기처럼 퍼진다

달도 없는 밤하늘 홀로 떠 있고 구름 한 조각
어디로 떠나는지 그 마음 그도 몰라라
달이 뜨면 달을 따라 별이 뜨면 별을 따라
서로 정답던 청춘의 꽃잎들이 담배 연기처럼 퍼진다

사랑의 수수께끼

〈"My way" 개사 1978년 작〉

지금 나에게 사랑이란 무엇일까
허공에 떠도는 한 조각 꿈은 아닐까
넓은 바다 가르는 돛단배처럼 꿈이나 서려 있을까
꽃피고 새 우는 향기는 묻어 있는지 사랑의 갈증일까
청춘의 고통일까 아니면 심심풀이 그 무엇일까
피가 끓는 설레임에 뜨거움이 있는 듯하다가도
어떤 때는 꿈속에 보이던 욕망의 눈빛도 없네
사랑은 참으로 알다가도 모를 것이로다
까면 깔수록 더욱더 어려워지는 명제
잡으려면 더욱더 멀어지는 사랑은 수수께끼

조선반도

저 산마루에 달이 걸리면 찾아오려나
저 들녘에 꽃이 피면 만나보려나
바람에 닫힌 마음 어느 때 열리려나
세월은 활짝 열어 잘도 돌아가는데

저 강물은 모르는데 천년을 흘렀구나
저 산도 말없이 천년을 지켰구나
서리에 맺힌 욕심 그 언제나 풀리려나
세상은 어리석음을 용서하지 못하는데

못 믿겠네

해 달 별이 두 쪽 나도 정말 못 믿겠네
그토록 허무한 꿈을 정말 못 믿겠네
사랑이 깊어 이별이란 그 맹세 정말 못 믿겠네
잡힐 듯 믿음이란 두 글자 자체를 정말 못 믿겠네
모를 것이 세상 잘 알리라던 인생의 얼굴
내 가슴속에서 떠난 지 오래되었습니다
알면서도 속는 것이 사랑이란 걸
깨달아 느낀지 그리 멀지 않습니다

내 심술

봄이면 산과 들에 꽃들이 피어나지요
그런데 이 몸은 이다지도 초라할까요
떠나간 님 생각에 잠 못 이뤄 쓰린 마음
저 달이 훔쳐 알아서일까요
이토록 간절하고도 그토록 살뜰한 나는 모르는 체
무정한 저 달은 어찌 숨어버렸을까요
멀리도 처량하고 쓸쓸함이 흐르는 나의 밤이거늘
웬일인지 내 심술엔 속없이 웃음이 나지요

헤메는 밤

달빛이여 별빛이여 너는 모르리
가슴속 움트는 넋을 잃은 눈망울
꿈인 듯 님인 듯 헤메는 이밤
달빛이여 별빛이여 너는 모르라
꽃바람에 날리는 담배 연기의 노래
소쩍새 우는 밤 수선화 그늘의 정
나는 아직도 뜨거움에 빠져 눈물짓습니다
나는 아직도 설레임에 넘쳐 쓰라립니다

어울림

〈"사랑은 아무나 하나" 개사 2015년 작〉

정치는 누구나 하리 정치에도 정치할 이 있거늘
축구 선수가 농구를 한들 어찌 잘 할 수 있으랴
밑빠진 독에 물을 부어본들 무슨 소용 있겠는가
정치는 누구나 하리 어느 누가 장난치는가

가슴이 열릴 때

실구름이 밤하늘에 수를 꽂고 뭇별들이 밤을 새는
언덕 너머 꿈을 좇는 촛불의 향기처럼
펄펄 나는 내 마음 부풀면 떠날제 아무 말 없이
그저 미소만 짓는 까닭은 믿음이 깊어서지요
멀리있어도 부르지 않고 그저 별빛만 보는 마음
나는 깨달아 느껴져요 떠날제 그저 아무말없이
미소만 짓는 까닭인즉
믿음의 깊이가 사랑의 깊이라는 증표지요

3

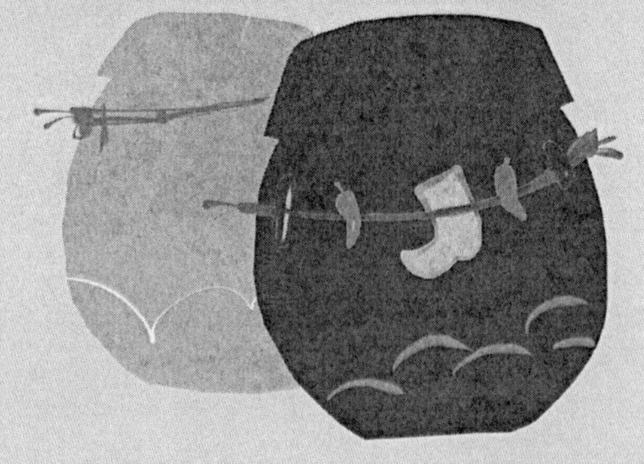

타산지석을 안고

마음이 청춘인지라 꿈에도 힘이 있어
눈빛도 빛나도다
눈보라 속에서도 꽃잎은 푸르러
야릇한 세월을 먹었구나
날려보리 찾아보리 젊은 날에 못내 아쉬움들
타산지석을 잡고 나 옛날로 돌아가 보련다

세월을 따라

소리쳐 나를 부르는 목메임이 있었으나
그때 나는 듣지 못했네
몹시 나를 찾는 간절함이 있었으나
그때 미처 알지 못했네
복받쳐 나를 잡는 손길이 있었으나
그때 설움에 뿌리쳤네
청춘시절엔 청춘을 알지 못하고
사랑할 땐 사랑을 못 느끼고
꿈을 꿀땐 그 꿈이 행복이란 걸 깨닫지 못하다가
문득 세월을 따라 눈을 떠보니 보이는 것은
후회 미련 아쉬움만 저 멀리 웃고 가더라

나비처럼

멀리도 반짝이는 별빛인 양
손에 잡힐 듯이 내 곁을 스치더니
이제는 지우지 못 할 그리움이 되어
해를 보며 달을 보며 잠든 나를
깨우고 세상을 꿈꿨네
너울너울 춤추는 나비처럼 구름 속을 헤치며
우리의 봄날은 그렇게 무르익었네

투명인간

〈“Abemrna” 개사 1977년 작〉

사랑은 소리 없이 찾아들어 이 가슴 흔들어 놓고
눈이 멀어 바보로 만드는 황야의 무법자
보이지도 않고 들리지도 않으면서 병들어 신음케 하는
아름다우면서도 고통스러운 공포의 투명인간
바람같이 구름같이 달빛같이 별빛같이
취하게도 만들고 미치게도 만드는 달콤한 악마

작별의 빛

꽃피고 제비 나는 봄은 돌아왔지만
사랑하는 내 님 멀리 떠나 편지 한 장 소식 없네
기다리는 마음인지라 부푼 꿈도 있지만
만난다는 설레임보다 돌아온다는 마음에 기쁨이 살아

달꽃

바람의 향기도 잠들었다 구름에 무리도 쉬어가노라
비스듬히 돌아선 언덕에서 내가 걷던 길을 돌아다보다
가슴속 숨어 있는 아쉬움들을 낱낱이 끌어내어
담배 연기 한 모금에 실어 저 멀리 날려 보내리

석양녘 비낀 노을 아름다워라
지는 해 바라보니 속이 터져라
텅빈 가슴 쓸어 잡고 동산에 달 보니
그들만의 세상이 또 있구나
가슴속 숨어있는 미련들을 끌어내어
담배연기 한 모금에 실어 저 멀리 귀양 보내리

묘한 것들

〈“돌아오지 않는 강” 개사 2015년작〉

김대중 눈 속에 박근혜가 있고
박근혜 눈 속에 김대중이 있을까
너희 서로가 행복해 보이는구나
그 바닷가에서 그 찻집에서 그 숲속에서
사랑을 하였구나
왠만하면 둘이 서로 결혼을 하여서
아들딸 둘만 낳고 환갑잔치 맞이하거라

조각달

깊고 푸른 밤 외로운 저 달
하얀 옷자락에 조각 눈썹 붙여 달고
흘러 흘러서 가는 곳이 어디드뇨
머나먼 남쪽나라 혹시 닿거들랑
그리운 나라 님의 향기 가득 담아 달려오렴

첫사랑의 빛

〈"Coure mato" 개사 1977년 작〉

별들의 노래 밤하늘에 꽃잎처럼 피어나고
사랑의 종소리 어둠을 꿰뚫고 잠든 달을 깨우네
철없는 종달새 날아 시도 때도 잃어버리고
청춘의 눈은 허덕이고 허덕이는 갈증
첫사랑의 밤이란다 아 외로움도 모르는 방황
청춘의 꿈이란다 아 뜻도 모르는 노래
사랑이 끝나면 청춘도 끝이란다

들달

달빛이 시리도록 푸른 밤이 오면
언덕에 올라서 아름다운 노래 부르리
향기로운 꽃잎 싱그러운 바람과 함께
꿈같은 밤을 지새우리

뛰는놈 위에 나는놈

〈이명우 "가시리" 개사 2016년 작〉

새누리당에서 빠진 지지율
국민의당으로 몽땅 다 가는구나
그러면 그렇지 새누리당의 2중대니까
이것이 무슨말이냐
새누리당에 투표했던 사람들이
국민의당에 투표한다는 것이지
어부지리는 더불어민주당
요런걸보고 모순이라 허지
영어로는 아이러니고 한자로는 자가당착이고
말이 앞뒤가 안맞는다는 것이지
박진호라는 사람이 머리 좀 썼지
겉으로는 야권 분열이지만
투표로는 여권 분열로 만들었지
뛰는 놈위에 나는 놈 있는 것이지

조각달

살랑살랑 부는 바람 꽃바람에 몸을 싣고
조롱조롱 아지랑이 춤추는 언덕길에
나물 캐는 봄아가씨 옷자락이 한들한들
지나가는 봄나그네 노래소리 흥겨워라
늴리리 봄버들 꿈을 꾸는 작은새
산들산들 봄물결에 넋을 잃은 조각달

별을 깨달으며

그리움만 남겨둔 채로 쓸쓸함만 남겨둔 채로
너는 지금 어느곳에 잠들어 있나
나는 오늘도 너 없는 밤하늘
슬픔에 목이 메이네
곁에 있을 때 소중함을 깨닫지 못한 죄
멀리 떠난 후 사랑을 깨쳐 눈물로 씻으리
곁에 있을 땐 참된 것을 몰라
먼곳에서 찾으려는 헛된 심술을 꾸짖으며
내 주위를 둘러싼 모든 것을 살피며
나를 찾으며 참된 나를 깨우며 살아야겠다

청춘의 밤

〈"Meggie의 추억" 개사 1976년 작〉

찬바람이 불어오는 단풍나무
숲속을 단둘이 걷노라면
거룩한 달빛은 향기로운 꽃잎을 숨쉬게 하고
청춘의 노래는 별꽃을 피우고
그 가슴엔 새들이 날아드네
꿈속에서도 찬란한 청춘의 밤이여
저 멀리 멀어질까 두려운 청춘의 빛이여
지금 나에게 미래는 한조각 못 믿을 꿈이지
석양에 울부짖는 사슴 노을처럼
화려하면서도 텅 빈 노래지

반동

그토록 많은 밤이 덧없이 흐르고 흘러
청춘의 설레임도 비끼지 못하였네
우리는 무엇인가 알면서도 속고
모르면서도 웃는 바보
먼 하늘 기러기처럼 석양에 우는 나그네
우리는 또 누구인가
살아있어도 살아있음을 못느끼는 꼴통
한밤중에 소리없이 맺힌 이슬에 깜짝 놀라는 겁쟁이
우리 마음은 또 어떻습니까
받는 것이 주는 것보다 행복이라고 믿는천사
허공을 헤메는 달을 보며 부끄러워 사는 반동

봄이여

〈마그마 "해야" 개사 2016년 작〉

찬바람에 얼어붙은 한반도여
봄을기다리는 백의민족
박근혜 김정은 아이가 물러나고
정권이 바뀌면 풍악을 울리리라
산들바람 불어오는 봄이 오면
홀로라도 나는 좋아라
어둠속에 잠든 민중이여!
피끓는 청춘의 함성이여!
돌아오라 돌아오라 멀리 떠난 봄이여
찾아오라 찾아오라 제비처럼 날아오라
청산수풀 우거진 곳에
유신독재5호담당제 나는 정말 싫어
찬란한 오천 년 유구한 역사 속에
긴급조치 천리마운동 나는 싫어라

구름빛

꽃은 피고 지고 세월은 흐르고 또 흘러
다시 못 볼 님들의 하소연 정처 없네
달은 푸르고 별은 눈부시어라
뜻모를 이야기는 저 꿈을 삼켰네
술잔에 뜬 밤 담배 한 모금의 노래
허공에 태워 사르는 구름의 빛이어라

눈달

구름에 달빛이 덮이니 가슴도 시려라
어찌 이 봄은 청산에 홀로 피는가
애타는 이 마음 멀리 외면하시던
그 님이 야속타 하여 느낀 심술 몰래 꾸짖으며
밤이면 밤마다 창가에 몰래 숨어들어
너를 부르며 조용히 원망하노라

화조춘풍

〈"Don't forget to remember" 개사 1979년 작〉

달콤한 별빛들은 아스라이 사라져 버리고
서산에 둥근 달만 외로이 떴네
반짝이던 사랑의 눈빛
아련한 기적소리 안갯속에 눈 부셔
평화의 물결만 밤하늘에 흐르네
청춘의 나날은 덧없고 고달파라
청춘도 사랑도 기쁨도 슬픔도
일장춘몽에 화조춘류여라
사랑의 얼굴은 놀랍고도 두려워라
모든 것을 삼켜버리는 공포의 물결
추풍낙엽에 추풍이어라

청산강 물새

겨울 소나타가 펼쳐지는
청산강에 물새 날면
쏟아지는 눈속을 뚫어 헤치며
청운의 꿈을 띄워 띄워 보내리
청산강에 뛰노는 물새같은 내사랑이여
네가 날아와서 내 청춘이 피어나네

수선빛

순결한 마음이여! 한돛의 수선화여!
깨끗한 지조여! 또 한돛의 수선화여!
봄속에 봄이요 별속의 별이로다
노을처럼 화사하고 달빛처럼 향기로워라

새 시대의 빛! 한돛의 수선화여!
새 나라의 희망! 또 한돛의 수선화여!
눈속에 사랑이요 꿈속에 행복이로다
나비처럼 감미롭고 사탕처럼 달콤하여라

야누스의 꽃

〈"초록바다" 개사 2016년 작〉

국민의당으로 입당을 하면은
국민의당으로 입당을 하면은
낮에는 야당 밤에는 여당
죽도 밥도 아닌 떡이 되지요
설익은 풋과일이라 신맛이 나지요
간에가 붙었다 쓸개가 붙었다
만인으로부터 버림받는 사쿠라꽃이지요

산별

떠나면 그만인 걸 내 진작 들어 알지만
막상 홀로 된 이 마음 남만도 못하여라
먼산에 진달래 피어 포근히 앉아 살아있어
홍복에 서린 눈빛으로 세상을 다 읽을 수 있어도
그저 구름에 덮인 달인 듯 내 신세 먼저 살피니
어쩔 줄 모르겠더라

첫사랑

〈"Sorentoto" 개사 1979년 작〉

슬픔도 모르고 고통도 모르면서
별을 따라 헤메이던 구름 같은 시절
달을 잡듯이 세상을 알기도 전에
꿈만 남겨놓은 채 멀리 떠나버렸네
매정한 저 세월은 첫사랑을 앗아갔지만
내 마음에 그 님은 빼앗지 못하였네
이 밤도 나는 외로움에 소리쳐 불러본다
추억 속에 살고있는 꿈속의 님을

봄이면

봄이라 봄이 오면 산과 들에 사노라네
낮이면 해와 구름을 부르고
밤이면 달과 별을 붙잡고
산과 들에 부는 바람에 서려 뛰노네
걱정도 근심도 없이 꿈도 희망도 잊은 채
봄이면 산과 들에 꽃이 피노라네

몽추

창가에 꽃이 피네 달빛에 눈을 부비네
그 누가 그리워 그 누굴 못잊어
이 한밤 또 불을 밝혔나
찬서리 기러기 바람 속에 흩어지고
쓸쓸한 이밤은 꽃 속에 숨어 잠드네
청춘의 노래 허공에 퍼지고
사랑의 종소리 내 가슴을 뚫네

설춘

저 멀리 안갯속에 꽃이 피면
그리운 내 님 꿈속에 찾아오네
봄바람에 너울너울 춤추는 나비처럼
겨울을 뚫고 산을 넘어 달빛처럼 속삭이네

바둑이

〈"달맞이" 개사 2015년 작〉

바둑아 나오너라 소풍 한번 가자
턱주가리 뽑아내어 개 밥그릇 만들고
강냉이 뽑아 튀겨 잔치 벌이자

삶과 죽음

〈"Paloma Branka" 1977년 작〉

꽃을 찾는 벌나비는 화려하게 날아들고
짝을 잃은 저 기러기 슬피 울며 떠나가네
사랑의 기쁨도 이별의 슬픔도
지나고 나면 한 자락 꿈인 것을
살아있는 게 무엇이더냐 죽어도 사랑 있는 것
죽음이란 무엇인가 사랑 없이 사는 것이지

언젠가 우리 다시 만나면

언젠가 우리 다시 만나면
처음 만날 때 그 표정 그 얼굴은 없어도
술잔에 피는 향기로움
별빛을 물들이던 청춘의 색깔은 남겠지

언젠가 우리 다시 만나면
처음에 그 느낌 그 설레임 모른 척 지나가겠지
바위를 스치며 지나가는 바람처럼 비켜가겠지

언젠가 우리 다시 만나면
지난날의 이야기를 돌이켜 생각하며
기쁨도 슬픔도 알고
후회 미련 아쉬움에 몸부림치며 살겠지

만경강 처녀

얼음이 녹으면 봄이 오듯이
먹구름이 걷히면 해도 뜨겠지
오늘도 나는 봄을 기다리며
이 몸은 종달새 되어 하늘을 난다오
이 밤도 나는 태양을 그리며
이 마음 파란 하늘 되어 눈이 부시다오

풀꽃이 피면

봄날에는 살랑바람에 실려 멀리 떠나려 하네
세상 걱정 온갖 근심 모두 다 잊고
꽃이 피는 산사에서 조각달을 붙잡아 품으려 하네

봄날에는 살랑바람 타고 온 세상을 헤메려 하네
하늘과 바람과 구름과 달과 친구가 되어
풀냄새 피는 언덕에 누워
내리는 별빛을 마시려 하네

청춘 연민

달빛이 정말 곱구나 별빛이 정말 아름답구나
세상을 잊고 살기엔 청춘이 너무 가엾구나
얼어 터진 이 가슴 한숨으로 녹이며
비바람 불어도 눈보라를 맞아도
살아있어야 할 면도날 같은 붉은 넋들의 꿈
청춘이여! 청춘이여! 우리 잠들면 안되네
맥박은 굳세게 고동쳐야 하네
청춘은 그냥 비웃어야만 되는 것이라네

사랑의 보금자리

〈"Stoney" 개사 1978년 작〉

꿈속에서 보았네 생명의 보라색 불결
꿈틀거리듯 살랑대는 한줄기 소망의 노래
갈 곳 몰라 떠도는 몸이라 술 한 잔에 몸을 싣지만
너를 찾은 그날 밤에는 내 발길도 멈추었다네
천사 같은 얼굴 고운 눈빛 축복할 듯한 상냥한 미소
내 마음에 평화로운 사라의 보금자리

청와대 가족들

엄마는 장에 간다고 카바레에 들어가고
아빠는 쇠죽 끓이다 여인숙 들어가네
딸들은 청소하다 피시방 가고
아들은 공부하다 딸딸이 치네

청춘의 빛

살랑살랑 부는 바람 따라 푸르름이 익어가는 세상
금새 한 마리 너울너울 하늘 높이 불을 밝히네
내 마음에 불빛인가 봄날의 외침인가
노을빛 서린 파란 나비의 붉은 꿈
별들의 부르심인가 찬란한 달빛인가
봄바람에 그을린 내 청춘의 빛이어라

추억일 때 아름답다

그대는 어찌하여 울고 있는가
그 어떤 말 못할 설움이 마음속 서려 있어
머나먼 하늘 높이높이 떠올라
굵은 눈물을 떨구어 뜨리는가
만날제 하지 못한 그 숱한 이야기들
못내 아쉬워 몰래 숨어 울부짖는 노래더냐
떠날제 남은 그 많은 미련 후회
돌이키지 못할 것에 대해 서러움에 몸부림치지만
돌아가 다시 만나면 옛날과 별다름 없는 것임에
현실은 꿈과 같고 추억은 꿈속에 현실이어라

눈꽃

꽃이 피네 꽃이 피네 하얀 눈꽃이 피네
구름인 듯 산인 듯 내 눈에 들어오네
꽃이 피면 눈꽃이 피면 세상은 야릇하고
봄인 듯 꿈인 듯 이 마음 속도 없네

숭고한 사랑

〈"Rivers of bablon" 개사 1984년 작〉

날리는 꽃잎을 보며 별들의 노래 듣노라
이름 모를 언덕에서 꿈을 꾸노라
달빛은 화사하게 이 가슴을 훤히 비추고
내 마음은 구름 되어 달빛을 감싸네
언젠가 우리는 말할 거야 죽어서 달이 되겠노라고
거룩하고 숭고한 사랑을 하겠노라고
꿈속에서도 총총이 빛나는 별들처럼
향기롭고 아름다운 마음을 남기겠노라고

춘사

꽃잎이 날립니다 별빛 부서지는 호수 위로
바람 불어 술잔을 꽃향기로 그득 채웁니다
담배 연기를 따라 헤메도는 사랑의 메아리
거룩한 봄바람에 넋을 잃고 부서지는
이 내 붉은 가슴이여!

봄이 왔네

봄이 왔네 봄이 왔네 산너머 버들청에
눈을 뜬 금빛 조약돌 생병의 등불을 밝혀드네

봄이 왔네 봄이 왔네 꽃단장에 미소짓는
처녀의 얼굴에도 봄빛을 먹고 생글생글 노래 부르네

봄이 왔네 봄이 왔네 꽃이 피던 언덕길에
달빛 맞으며 별빛 먹으며 연인들을 불러 유혹하네

봄이 왔네 봄이 왔네 허공을 가르는 제비의 날개에도
지루박 장단에 뜨거운 몸짓 봄날의 초상이어라

화롯불

〈"모닥불" 개사 1978년 작〉

화롯불 피워 놓고 밤,고구마 묻어 놓고
함께 노래부르던 즐거웁던 그 한때
지금도 생각나네 정답던 그 옛날
세월이 흘러가도 살아있을 거예요
괴롭고 슬플 때도 언제까지나
나의 곁에 붙어서 친구가 돼줄 거예요

노하우

〈"달맞이" 개사 1979년 작〉

아이들은 동산에서 그네 타고 놀고
엄마는 아빠 배 타고 노네
손주들은 할아버지 수염 잡고 놀고
조부모님의 키스는 노하우가 반짝이네

청춘눈

〈“Alohaoea” 개사 1976년 작〉

짝을 찾는 저 기러기 어디로 날아가나
지친 날개 허덕이며 맴도는 청춘
날아도 날아도 돌아보면 언제나 다시 그 자리
찾아도 찾아도 보이는 것은 아득한 세상

춘산

청버들 한들한들대는 춘화애 홀로 서노라면
빙산은 녹아 흘러 자취도 없고
이름 모를 꽃과 새들은 잠든 밤을 깨우네
불그스레한 봄빛은 나를 청춘으로 몰고
또 내 영혼을 백발로 끌고 가네
동산의 파란 나비의 날갯짓에
내 마음 미치고 또 미쳐 헤메이네

향기로운 세상

1.
푸른 산 푸른 들은 나를 부르네
봄기운 가득 먹어 푸르른 날에 나를 유혹하네
꽃피면 님 그려 즐겁고 새 울면 정 그려 서러워라
동산에 뜨는 해는 이마음 살포시 만져주는
향기로운 봄날이어라

2.
푸른달 푸른별은 어디서 왔길래
저토록 아름다운 꽃을 피울까
동짓달 겨울이면 새하얀 눈꽃
춘삼월이면 새빨간 불꽃
달이 뜨고 별이 뜨면 세상은 아름다워라

나비의 슬픔

산골엔 청새의 노래 들녘엔 노을빛 안개구름
달빛도 잠들어 평화로운 이 밤을
홀로 깨어 나는 파란 나비의 슬픔
다시 못 올 것에 대한 심술
떠나 보낸 것에 대한 욕망에 훨훨 날으련만
잡히는 것은 허무한 봄날의 꿈이어라

붉은달

목숨 잡고 울부짖는 청춘 그 찬란한 꽃이여!
화려한 슬픔의 빛이여 살아서는 깨닫지 못할
운명의 수레바퀴를 끌고 오늘도 나는 허덕이며
고개를 넘네 별빛에 젖어 신음하는 모든 것에
귀를 열며 붉은 달을 잡으련다
바람에 울고 있는 꽃잎처럼
이 가슴엔 해가 떠 쓰러질줄 모른다

마음의 집

〈"River of swan" 개사 1976년 작〉

멀고 먼 고향 별이 숨쉬는 곳 보고파라
나의 사랑 눈을 뜨던 꿈이 살아있는 동산
꿈속에서도 변함이 없는 곧고 굳은 고향의 소리
나 항상 찾아가리라 마음속 집으로

술렁술렁

〈“퐁당퐁당” 개사 1978년 작〉

술렁술렁 재미를 보자
꿈을 꾸듯 재미를 보자
낮에는 요조숙녀 밤에는 음탕녀
어른들껜 언제나 인사를 하고
몰래몰래 숨어선 딸딸이 치자

가오리

〈"송아지" 개사 1976년 작〉

가오리 가오리 얼룩가오리
가오리가 홍어냐 홍어가 가오리냐

딸딸이 인생

〈"열두냥짜리 인생" 개사 1976년 작〉

엥헤야 엥헤야 엥헤야 엥헤야
소세지가 좋냐 가지가 좋냐
딸딸이 치는데 딸딸이 치는데
엥헤야 엥헤야 엥헤야 엥헤야
소세지가 좋냐 가지가 좋냐
딸딸이 치는데 딸딸이 치는데
소세지도 좋고 가지도 좋지만
오돌톨해서 시동이 잘 걸리는 오이가 더좋아
엥헤야

별창가

〈“새타령” 개사 1978년 작〉

저 별이 반짝이네 저 별들이 춤을 춘다
북두칠성 십자성 해왕성 명왕성
짝을 짓는 성하군자 몽춘야화 뭇별들이
임지청천에 불을 밝혀 수를 놓고 창가 하네
이 산으로 가면 위조위조 저 산으로 가면 모조모조
어허! 어히! 가짜가짜 가오리가오리
좌우로 다녀 울음 운다

청춘의 꽃

봄기운에 꽃들이 만발하니
이 마음도 부풀어라
하늘 아래 어떤 것이 저보다 아름다울까
따사로운 햇살에 꽃향기가 풍겨나오니
님 생각에 술 생각이 절로 나노라
창공엔 새들이 날아가고 꽃잎이 날아가고
사랑 노래 들려오니 이 가슴엔 청춘의 꽃이 피네

구름마음

달빛을 벗삼아 노닐던 이 밤도
날이 새면 이별하듯이
우리네 인생도 그러할진대
백년일 듯 천년일 듯 허세를 부리는 건
미련일까 욕심일까
알 듯 모를 듯 잡힐 듯 말 듯한 것은
구름 따라 떠도는 이 마음일까 생각하노라

친구

찬바람을 견디며 돋아난 파란 새싹
백발이 죽어 진주 되고 맺지 못할 연분에
밤을 지새던 촛불 하나
청춘이 죽어 제비 되고 어둠 속에 흐느끼며
눈물 짓던 별들의 미소
석양을 삼키고 세상에 친구 되었네

박진호 노래시집

생의 복판에서

초판인쇄 | 2018년 02월 10일
초판발행 | 2018년 02월 20일

지은이 | 박 진 호
펴낸이 | 서 정 환
펴낸곳 | 신아출판사

등　　록 | 제465-1984-000004호
주　　소 | 전주시 완산구 공북 1길 16
(태평동 251-30)
전　　화 | 063)275-4000
팩　　스 | 063)274-3131
e - mail | munye888@naver.com
sina321@hanmail.net
인쇄·제본 | 신아출판사

값 13,000원

ISBN 979-11-5605-504-4 03810

* 저자와 협의하여 인지는 생략합니다.

* 잘못된 책은 바꿔 드립니다.

이 도서의 국립중앙도서관 출판예정도서목록(CIP)은 서지정보유통지원시스템 홈페이지(http://seoji.nl.go.kr)와 국가자료공동목록시스템(http://www.nl.go.kr/kolisnet)에서 이용하실 수 있습니다.
(CIP제어번호: CIP:CIP2018004064)